# 은빛 억새처럼

# 은빛 억새처럼

이 수 옥 시집

도서출판 천우

## 시인의 말

꿈만 같습니다.

멀게만 느껴졌던 시인의 길

마음으로 갈망했던 시집을 내면서

설렘과 행복 감사드립니다.

2015년 12월

이수옥

제1부

## 왠지 좋은 날

● 시인의 말

제2부

# 미완성 시

제3부

# 바람 불어 좋은 날

제4부

# 홀로 떡갈나무

제5부

# 주산지의 달

제1부

# 왠지 좋은 날

# 야간열차를 타고

가쁜 숨 몰아쉬며
덜컹덜컹
소린 요란해도
속은 따뜻하고 아늑해요
밤 깊어 가지만 열차는
기적 소리 울리며 용감하게 달려가요
승객이 원하는 목적지
정확히 내려주고
또 다른 목적지 향해
칙칙폭폭
밤공기 가르며 신이 나서
야간열차는 앞만 보고 달립니다
잠결인지 꿈결인지
열차 숨 고르는 소리에 깨었지요
어느새 종착역
안내방송이 종착역을 알립니다
뿌옇게 여명이 밝아오는 새아침에

# 낮달

파란 하늘 높고
풀벌레들 합창 아름다운
아침을 여는 공원

서쪽하늘 뜬 낮달
밤새도록 사랑하다 이제 돌아가려 하는가
지난밤 사랑 아쉬운 듯
풀 죽어 핼쑥하네

서산마루 머뭇거리는 낮달
해님께 미안한지
풀 죽어 핼쑥하네

# 소낙비 일생

번쩍 스치는 섬광
우르르 쾅
어디엔가 벼락 치며 쏟아내는 눈물 보따리
실개천 만들어내고 냇물 되어
낮은 곳으로 순탄치 않았던 지나온 물길
소낙비의 일생은 바다에 이르러
바다와 한 몸 되어
넓은 세상에 안주한다

# 유년의 계절

먹구름 몰려와 소나기 한차례
쏟아붓고 떠나면
여름 하늘은 금방 맑게 개이며
길가에 실개천 생겼다
그 물길 따라 끝까지 가고 싶었던
소녀는 작은 나뭇잎 배 대신 띄워 보냈다

가을 코스모스 키보다 더 작은 소녀는
꽃길 따라 멀리 가고 싶었지만
집 주위를 벗어나지 않았다

겨울 하늘이 뿌려주는 하얀 쌀가루
장독대 소복소복 쌓이고
나뭇가지마다 하얀 눈꽃 피면
눈사람 만들어 놓고 함께 놀았다

봄 꽃밭에서
노랑나비 흰나비 쫓아다녔지
꽃비 내리면 치맛자락에 새겨진 꽃무늬
봄 소녀도 꽃이었네

산마루 오르면 해와 달도
따올 수 있을 것 같았다
소녀는 매일매일 신세계를 꿈꾸었지만
어머니 치맛자락에서 벗어나지 않았다
소녀의 뜰은 아름다운 동화나라였다

# 무슨 날씨 이렇담

먹구름 지면까지 내려와 바람까지 가둬 숨죽은 듯
나뭇잎 하나 움직임 없다
하늘 높이 떠 있을 해를 몇 겹으로 덮었기에
밤처럼 어두운가 장마철도 지났건만
무슨 날씨가 이렇담
번개 하늘 가르는가 싶더니
대지를 흔드는 천둥소리 우르르 쾅
큰 죄 지은 일 없건만 지나온 길 뒤돌아본다
구름끼리 맞붙어 전쟁하더니 어디엔가 날벼락 때렸나
하늘은 눈물 펑펑 쏟아낸다
무슨 날씨가 이렇담 마음 약한 사람 놀라게

# 여름 일기

뭉게구름 아름다운 날
날씨는 더웠지만 외출했다
쏟아지는 뜨거운 햇살
올라오는 대지의 열기
여름 속에서 진짜 여름을 만났다

말만 장마철이지 타들어가는 대지
겨우 목숨부지 아사(餓死) 직전
누렇게 뜬 길섶의 고개 숙인 풀꽃

지나가는 장대비에
숙인 고개 들어 목 꼿꼿이 세우고
하늘을 바라보는 풀꽃
급하게 내려준 급수가 참 고마웠나 보다
뭉게구름 아름다운 날

# 왠지 좋은 날

눈부신 청명한 하늘
꼭 가을 고추 말릴 때처럼 그런 봄날
햇살과 바람 좀 더 많이
불러들이려고 문을 활짝 열어 놓았다

베란다 햇볕 가득 장 익는 향기
도시의 장독대 장항아리 앞에서
고향 그리워 먼 하늘 바라보았네

아무 일 없는 아주 평범한 오늘
마음 비워놓으니
빈자리 채워지는 여유

창밖 입하의 싱그러운 나뭇잎
봄꽃 고개 숙이고
여름 꽃 고개 들고 방끗
흰 조각구름 몇 점 유리창에 머물고
나는 주변의 이런 것들이 좋아 행복하네

## 첫눈

살포시 날아와 손등에 앉은
순백의 눈꽃 한 송이 첫눈 아닌가
간간이 뿌리는 빗방울에 섞이어
하얀 날개를 펴고 날아온 반가운 손님이다
눈 깜짝할 사이 고요한 만남
거리의 많은 사람들 중 몇이나 보았을까
첫사랑도 이런 기분이었지
아무도 모르게 찾아왔던
가슴 깊이 고이 간직하고 싶은 설렘
먹구름 틈새로 숨바꼭질하던
해님도 방끗 늦가을 거리는 금방 환해졌다
첫눈 내린 날

# 사랑입니다

애잔한 풀벌레 연주곡
가을 소식 알리는가 싶어 둘러보니
무지갯빛 때때옷 갈아입은 가을
갈바람 타고 우르르 몰려왔다 우수수 물러가네

달콤했던 동거 잡은 손 놓은 건
서릿발에 시린 발 덮어주려는 나뭇잎 애틋한 사랑
밑거름 되려는 살뜰한 사랑
이별 아닌 새로운 시작을 꿈꾸는 사랑입니다

# 내 인생에도 가을

마지막 더위 지쳐 있을 때
하늘에서 비를 뿌려 더위를 식혀줍니다
인생 종점을 향해 매일매일 달리고 있는데
단 하루도 멈출 수 없는 인생 열차는
이 순간도 달리고
또 한 계절 가려 하네요

비 개이면 파란 가을 하늘
내 인생도 가을로 접어들었는데
한 번도 같은 가을 아니었네요
오색의 아름다운 가을 수채화가 그려질 때
내 인생도 아름다운 색으로 그림을 그리려고 해요

# 가을비 단풍

불꽃 같은 사랑
가슴앓이
붉디붉은 단풍잎

비바람 몰아치는
늦가을
나뭇가지 매달려

허열 견디기 어려워
시름시름

이별 앞에
차마 돌아설 수 없어
눈물 뚝뚝

## 거리에서 봄을 만나

카메라 들고 거리에 나섰지요
우리의 동행이 언제나 즐거운 건 내 마음과 함께 움직여서 그래요
봄은 여자의 옷으로부터 온다더니 정말 그래요
인사동 거리는 봄으로 출렁거렸으니까
옷가게에도 꽃가게도 사람들 얼굴에도 봄이네요
카메라 들고 다니면 사진 찍어 달라는 외국인 관광객 있어
오늘도 몇 컷 찍어 드렸지요
다른 사람들 사진은 잘 찍어주어도 내 사진은 없어
유리창에 비친 내 모습도 한 컷 찰칵하고 돌아서는데
그때 노점상에서 유행가가 흘러나오네요
'내 나이가 어때서'
거리에서 듣는 유행가 오늘따라 듣기 좋았어요,
봄이라서 그런가 봐요 하늘도 맑고

# 꽃상추

텃밭 줄지어 선 꽃상추
몇 겹의 주름치마 걸친 걸까
꽃송이처럼 탐스럽고 아름답다

뒤뜰 장독대 항아리
햇고추장 봄 햇살 먹고 빨갛게 익어갈 때
텃밭의 붉은 꽃상추도 성숙해 갔다

꽃상추 그 속에 안기는 고추장 밥 한술
주름치마 폭으로 감싸주면
궁합이 잘 맞는 한 식구이다

# 한가위 달맞이

멀리서 찾아온 반가운 달빛
어머니 손길 같은 부드러움으로
새벽잠 깨워주시네

환한 미소에
윤기 흐르는 새벽 하늘 달님
설레는 마음으로 창문마다 열어놓고
달빛 손님 맞이하였네

집집 찾아가기 바쁘셨나 봐
이른 새벽 내 집에 찾아오신
반가운 손님 한가위 만월

# 호박꽃 사랑

꿀을 품고 핀
인심 좋은 호박꽃

달콤한 여름 밥상
소문은 금방 퍼져
벌들이 모여들어 먹고 바르고
꿀벌의 축제가 시작되었다
후덕한 호박꽃 노란 미소 방긋방긋
벌이 다녀간 후
호박꽃은 사랑을 잉태하였다네
여기저기 주렁주렁

# 카메라와 나

너와 나 언제나 한 몸처럼 함께 움직였지
제주도 경상도 전라도 충청도 경기도 강원도
전국을 누비면서 내가 얻고자 하는 걸 너는 셔터 문 열고
사람, 고궁, 꽃, 산, 강, 짐승과 곤충에서 조형물까지
내 손가락 지시에 따라 네 몸에 차곡차곡 담아주었다
계절마다 바뀌는 풍경을 아름답게 촬영해서
처음 내게 왔을 때 바디에 붙어 있는 18~200렌즈뿐
불볕더위 땀범벅 때론 눈보라 몰아치는 칼바람 견디며
각종 촬영대회 뛰어주고 공모전 마무리 너의 공이다
주인 잘 만났으면 갖가지 장비도 맞춰주고 했을 텐데
간편한 복장 노숙자처럼 하고 다녀 도둑 강도 걱정 없이
전국을 누볐지만 겁도 없었지 무박출사 외박까지
우물 안 개구리 나를 집밖 세상 구경하도록 한
너의 마력은 정말 대단했어 누구도 어쩌지 못 했으니까
피사체에 초점 맞출 때 세상 근심 걱정 다 잊고
호흡도 잠시 멈추고 그 순간 우리는 한 몸이었지
카메라와 나

# 은행나무 지혜

황금빛 갑옷
견고하고 튼튼해서 걱정 없겠지
토실토실 속살 오른 가을 은행
지상으로 내려보내도 될 듯싶어
흙으로 내려보냈지
지독한 냄새 풍겨 접근 금지시키고

동절기 칼바람 끄떡없이 넘길 것 같은
견고한 갑옷 입고 겨울잠 들었다 깨어나면
보슬비와 봄 햇살이 부드럽게 마중할 거야
작은 아기 새싹 은행나무를

# 오늘

자유시간이 후딱 지나갔다
점심 저녁 챙기는 일 없어 시간 넉넉할 것 같았던
오늘 민속마을이나 고궁 등 집 가까이 있는
가을 풍경을 카메라에 담고 싶었지만
요즘은 편한 게 좋아 카메라는 집에 놓고
빈 몸으로 거리의 가을을 자주 즐긴다

가벼운 배낭 메고 골목 시장 둘러보고
백화점 둘러보는 동안 해는 지고
어둠은 금방 거리에 내려앉으며
높이 뜬 조각달이 참 예쁘게 웃는 저녁

외식만 하면 배가 아프다고
누룽지 끓여 놓으라는 늦은 전화
먼 길 가을 나들이에서
둥지 찾아오시는 평생 옆지기님

# 화개장터

강줄기 따라 끝 보이지 않는 길
가로수 벚나무 만개한 벚꽃잎
꽃나비 되어 무수히 흩날리는 화개장터
섬진강과 도로를 사이에 둔 이웃이다

빨갛게 달궈진 쇳물
농기구 다듬어지는 쇳소리
대장간 대장장이
몇 대를 이어오는 장인(匠人)일까

보따리 풀어 갓 캐온
봄나물 파는 시골 할머니 거친 손은
자신을 희생해 아들 딸 길러낸 장한 어머니 손이다

단발머리 쓰다듬어 주시던
할머니가 어머니가 그리웠다 화개장터에서

제2부

# 미완성 시

# 상처(傷處)

노란 꽃 피고 보랏빛 물들 때
창백한 얼굴에 검은 그림자 보인다고
만나는 이웃마다 그랬다

언어의 파편들 날아와 심장 마구 찔러대
상처 깊어 속으로 곪아 흐를 때
깨어나지 않는 깊은 잠 속에 빠지면
참 편할 것 같다는 검은 유혹이 불쑥불쑥 고개 들 때

블랙홀에서 빠져나오게 한 건
국선도와 카메라와 문학이다

나와 외로운 싸움 우울증이 지나갔다
행복은 주변 널려 있는 재료로 만들어 가꿔가는 것이지
쉽게 저절로 굴러들어오는 게 아니다
자연과 함께하는 시간들 그건 언제나
마음을 살찌우는 자연이 주는 행복한 선물이다

# 낯선 골목

통도사 홍매화 찾아가는 길
밤새도록 달려간 종착역 막차도 잠든 첫차도 움직이지 않는
새벽 부산역 앞 광장과 대로는 한산하다

큰길 건너 뒷골목으로 들어서자 즐비한 간판들
환하게 불 켜놓고 모두 영업 중
호텔. 모텔. 음식점. 노래방. pc방. 찻집. 호프집. 24시간 편의점 등
청춘남녀 밤을 새운 듯 내국인 외국인 어울려 있거나
둘 셋이서 또는 혼자 마치 다른 나라 풍경 보는 듯
하얀 피부에 에메랄드 빛 눈동자 담배 태우는 젊은 여자
어느 나라에서 왔을까 혼자서
그들의 자연스러운 활보는 내가 타국에서 온 나그네 같다

우물 안 개구리처럼 살아온 나는
항구 도시 뒷골목에서 색다른 세상을 보았다
호기심 반 두려움 반으로

여기저기 즐비한 모텔 간판 길 잘못 들어선 건 아닐까
젊은 여자 섬으로 팔려 갔다던가
외국으로 팔려가 매춘부 되었다는 소문 헛소문이겠지
대낮도 아닌 야간에 여자 혼자 걷기에는 안전한 곳 아니란 걱정 앞섰지만 항구의 낯선 뒷골목에서 무서울 게 없는 나는
나이 든 여자라 참 다행이다 싶었다

# 미완성 시

얼마나 많은 언어를 생성해서 만들어 주어야 될까
덧붙였다 잘라내고 요리조리 살펴보고
다 됐다 싶어 다시 보면 부족하다 어쩌라고
선택과 집중 구체적으로 그리고 비유하여
얼마나 다듬고 다듬어야 완성될까
이름은 무어라 지어줄까
입덧과 만삭의 고통으로 마음 졸인 날들 얼마인가
나의 미완성 시

# 상도동 추억

은자네 담장 너머 늘어진 개나리 가지
담장을 노랗게 물들이고 보랏빛 라일락꽃
온 동네를 봄 향기로 가득 채웠다
겨울 함박눈 내리면 나뭇가지마다 눈꽃 피고 아이들은 신이 났다
축대 위에 지어진 아담한 집 앞마당에는 잔디를 심었고
봄비 내리는 날은 작은 새싹의 꽃모종으로 이웃과 정을 나누었다
봄이면 앞 뒷동산 아카시아 나무는 하얀 꽃구름으로 피어
작은 꽃잎들이 눈송이처럼 흩날렸지
그림 속 같은 동네가 사려져 간다
넓은 대지의 단독주택들이 불도저로 파기되고 고층 아파트가
들어서고 여기저기 공사 현장 망치 소리 각종 공사 소음이 마음 아프다
이웃 사시던 분들이 그립고 옛 풍경이 그립고
두 아들 꿈을 키웠던 상도동 옛집이 그립다
나의 청춘 흔적이 없어졌다
변하는 것들이 너무 많아 서운하다

# 낙화

춘풍에 춤추는 꽃잎이여
꽃 잔치 큰 놀이 왔다
어느새 꽃비 되어 흩어지나

아름답게 떠난 자리
사랑의 열매 자라고 있네

황혼길 나 또한
어느 날 저 꽃잎 지듯이
홀연히 떠나리라

# 늙어간다는 건

허리띠 조이며
내 가정 웃음꽃 피운 애국이었네
가난에서 벗어나는 데
나도 한몫했으니 근면성실로

아무도 피해갈 수 없는
다 놓고 가는 길 가벼울수록 좋겠지
육신까지 놓고 영혼만 가는 거니까
비워가며 홀연히 사라지는 거지
늙어간다는 건
성숙이 여물어 가을걷이하듯
인생도 그런 거지

시력 청력 기억력 기력 쇠잔하여져도
검은 머리 서리꽃 내려도
좋았던 추억 몇 가지면
황혼길 웃음 지을 수 있을 거 같다
대대 이어줄 씨앗 남겼으니

# 나의 시간들

아이들 키우며 집안일에 꼼작 못할 때
집 밖에서 매너 좋은 남편 주위에 늘 여자들이 있었고
유명한 곳, 맛있는 집 찾아다니며 좋은 세월 보냈다

나중에 데리고 가겠다더니
이제 와 어디 좀 가자 하면
허리 아프고 무릎 시리다고 한다

결혼 전 온실 속 화초 같았던 내 삶이
결혼 생활하며 허허벌판 잡초처럼 강인해졌다
편식도 잔병치레도 없어지고 겁 없이 용감해지고
다 늦게 홀로 서야 하는 독한 여자 되었다

하고 싶은 일 이루고 싶은 일들 많은데
고속도로에서 탄력 받은 자동차처럼
초고속으로 달리는 나의 시간들
지각생 문학의 열차 타고 황혼 길 들어섰다

# 왜 싸우는가

'내가 왜
오빠네 식구를 챙겨야 하는데'
시댁 식구 기념일 못 챙겼나
소리소리 지르는 젊은 여자

아무 말 못하는 남자
창백한 얼굴 화난 눈빛
무슨 말로 불씨 붙여놓고 꼼짝 못 하는지

퇴근 시간대 길에서 한 젊은 부부 싸움
거리의 많은 눈동자와 귀 어쩌면 좋아
기싸움인가 안쓰럽다

살다 보면 처갓집도 시댁도 정든 가족인 것을
싸우긴 왜 싸우는가
후딱 지나가는 게 인생인 것을

# 인생이란 1

유년의 푸르른 꿈들 영웅전 속의 사람을
닮고 싶어 얼마나 갈망했었나
결혼 생활 중에는 두 가지만을 생각했다
내 아이들을 훌륭한 사람으로 키워야 한다는 것과
풍요로운 황혼을 위해 지독하게 절약하고 저축하는 것
아이들 자라는 모습 바라보며 뒷바라지는 최고의 보람이고 행복이다
이 세상에 변하지 않는 게 있다면 그건 모성애 아닐까
앞만 보고 달려온 나의 삶 이제 나는 나를 돌아보고
땅거미 내려앉는 시간이면 가끔은
나에 종착역은 어디쯤일지를 생각해보기도 하고
나를 챙기기 시작했다
부모님 밑에서 한때의 호강도 신혼 시절 사글셋방 배고픈
영양실조 머리카락 무더기로 빠졌던 빛바랜 추억도
스치고 지나간 소중한 순간들이다
인생이란 연습이 없으니 순간순간 최선을 다해 사는 것이다

# 인생이란 2

아이는 앞만 보았지
울울창창한 날들
넓은 세상이 기다리고 있었지

희망을 향해 매일매일 뛰었지
젊은 날 일터에서 가정에서
꿈꾸었던 행복 둥지 키워가며

빛바랜 머리카락에도
지나온 날들 담아온 푸짐한 추억 보따리
하나둘 풀어보는 황혼 재미 행복이네
인생이란 산 자의 축복이지

서산마루 붉은 노을
황혼 밝혀주는 석양이 고마워
지난 아픈 추억 모두 잊고
좋은 추억만 기억하며 가려고 하네
지나고 보니 수많은 사연들이 아름다운 삶이네

# 왜 행복한가

두 귀 있어
들을 수 있는 것과
두 눈으로
보는 즐거움

음식 맛과 사랑 맛과
오만 가지 단어 나오는 입
몸 구석구석 퍼져 있는
세포활동 각 틀린 느낌

사랑하는 가족과
좋은 이웃 있으며

봄 여름 가을 겨울
사계절 있는
나라에 사는 것

# 은빛 억새처럼

갈바람에 은발 날리며
산이건 들이건 철로변이건
척박한 환경도 마다치 않는
착한 꽃

꽃 중에 지는 꽃이 아름다운 건
억새꽃이 으뜸이다

은빛 억새꽃을 닮아가는 나
언제부터인가
머리에 서리꽃 피기 시작했다

서걱거리는 거칠어진 손가락 마디
얼굴엔 잔주름 늘어가도 밉지 않는 건
거친 삶도 마다치 않고 일어선 오늘의 당당함
은빛 억새꽃 닮아서이다

하루해 마감하는 석양의 고독한 아름다움이듯
은발이 더 아름다운 억새의 황혼이듯
나도 그런 황혼이 아름다운 삶이고 싶다

# 정(情)이란

받아도 받아도
갈증 나는 것

주어도 주어도
마르지 않는 것

쉼 없이 솟아오르는
샘물과 같은 것

이것 때문에 울고 웃고
그 또한
살아 있는 자의 특혜인 것을

# 인생(人生)

아침 해 뜨면서 한낮 정수리에
해 머물러 있는 시간까지
꽤 길게 느껴졌다
빨리 커서 어른 되고 싶었는데

해가 중천(中天) 떠 있을 때
아이들 키우고 알뜰살뜰 살림하느라
해 기울기 시작하는 줄 몰랐다

아이들 다 키워놓고 돌아보니
해는 어느새 중천(中天)을 지나
기울기 시작 서산마루를 향해 가고 있네

# 추억이란

햇살의 바람의 시간의
모든 순간순간 그냥 지나가는 게 아니었지
무한의 공간 속에 저장 보관되어
기쁨으로 설렘으로 되돌아와 인생 앨범으로 기록 되었다
자연과 함께한 유년의 그 느낌들 아름다운 추억
지금의 나를 행복하게 하는 자료이다
추억이란 삶을 풍요롭게 만들어 얼마나 좋은가
나에 유년 하늘은 달과 별 구름이 내 놀이터였으며
햇살과 바람과 풀꽃과 빗방울까지 내 친구였지
겨우내 얼었던 호수가 녹으며 잔잔히 일렁이던 물결
이른 봄날 그 풍경은 평생 아름다움으로 남았다
바람의 촉감이라든가 감기로 열이 많이 올랐을 때
할머니와 어머니가 걱정하시던 기억까지 그리움으로 남았다
세월에도 빛바래지 않는 아름다운 추억은
황혼 길을 외롭지 않게 살찌우는 축복이다

# 인생에도 마디가

계절에 마디가 있듯
인생에도 마디가 있다

살아가며 생긴 마디는
인생을 다져주는 주춧돌 같은 것
고달픔도 괴로움도 즐거움도
지나고 보면 한순간

마디마디 추억은
소중한 순간들이고 귀한 삶이다

# 그리움이란

그리움이란
봄 햇살 같은 행복이다

그리움이란
사막의 오아시스와 같은 것이다

그리움이란
기다림의 세월이다

그리움 없는 인생이란
사막과 같은 것이다

# 햇볕 좋은 날 1

햇볕이 내 집 거실까지 들어와
머무는 겨울의 한낮
베란다 화초 그림자 따라와
내가 머무는 곳에 그림자놀이 하자네

혼자이어도 외롭지 않은
이 행복
그건 잠시 외출했다
다시 돌아온다는 걸 알기 때문이지

돌아올 사람 없었다면 못 견디게
쓸쓸하여 눈물이 날 거야
숨소리조차 들리지 않는 조용한 내 집에
흐르는 음악이 고마운 것도
오늘 돌아올 사람이 있기 때문이지
백년지기 한 식구

# 햇볕 좋은 날 2

꼭 가을 고추 말릴 때처럼
눈부신 청명한 하늘
쏟아지는 햇볕 초가을 같은 날
햇살과 바람 불러들이려고
베란다 방충망까지 다 열어놓았다

정원 봄꽃 고개 숙이고
여름 꽃 고개 들고 방끗
윤기 흐르는 입하의 나뭇잎

도시의 장독대
베란다 햇볕 가득 장 익는 향기
고향 냄새 그리움
장항아리 앞에서 먼 하늘 바라보네

아무 일 없는 아주 평범한 오늘
마음 비워놓으니 빈자리 채워지는 행복
흰 조각구름 몇 점 유리창에 머물고
나는 주변의 이런 것들이 좋아 감사하다

# 저녁 창가에

마른 나뭇가지 스산한 바람 불고
끈 떨어진 낙엽 설레설레
허공이 흔들리는 날
정처 없이 흘러가는 뜬구름 무심도 하네

찬 바람 나뒹구는 저녁
종종거리는 낙엽 사이로
비좁은 하루가 저물어 가고

바람 소리 고독한 창가
섬광처럼 날아드는 별빛
긴 여정 풀어 놓는 저녁 창가에
계절풍 창문 두드려 소식 전하네

# 자연에서 겸손을

나뭇잎 하나 툭
벌써 가을 오는가 싶더니
가을 향기 바람 타고 전국을 누비고
가을 햇살 먹고 오달지게 살찐 황금 벌판
만삭의 벼이삭 모두 감사의 고개 숙이네

옛 스승님은
익을수록 고개 숙이는 벼처럼 살라 하셨지
훌륭한 사람 되려면
겸손할 줄 알아야 한다고

봄이 자라 여름이고
여름이 자라 성숙한 가을이고
풍요로움 나눠주는 겸손함은
겨울 휴식에 들어가는 감사 인사였네

# 나는

보고 듣고
느낄 수 있는
신경세포가 있으며
자유로운 생각으로
무엇이든지
할 수 있어 행복하다

사계절 있는 나라에 살며
흰 눈 내리는
겨울에서부터
봄 여름 가을 사계절 즐기며
아름다움 느끼는
건강한 정신과 신체를
가지고 있으니
행복한 사람이다

# 2015년 추석에

바쁜 두 아들 시간 빼앗는 것 같아
오는 전화만 받고
목소리 듣고 싶을 때 보고 싶을 때 참았다

오늘 내 집에 온 아이들
보고 또 바라보며 흐뭇한 건
입술 부르튼 명절 준비지만
가족의 온기가 나를 행복하게 했다

내리사랑이라고들 하더니
짝사랑이라 해도 좋은 내 사랑
방금 전 보고 돌아서서
다시 그리워지는 그 혈육의 정(情)
아이들 머물던 자리 정(情)도 남겨 놓았네

잘 도착했다는
아이들 문자 받고 바라본 밤하늘에
18년 만에 찾아왔다는 크디큰 둥근달이
나를 바라보며 환하게 웃는다

# 제3부

# 바람 불어 좋은 날

# 봄비처럼

조심조심 이슬비로 내려요
동면에서 갓 깨어나는 여린 새싹 놀랠까
동사 직전 겨울나무 살려내려고
대지 부드럽게 녹여 주어요
마른 씨앗 싹 틔워주는 봄비는 생명수입니다

천둥 번개 몰고 다니며
급하게 쏟아붓는 폭우가 뜨거움 식혀주는
여름비라면

조심조심히 내려
새순 꽃잎 쓰다듬어주는 봄비는
하늘이 내려주는 보약이며 생명수입니다
얼마나 지혜로운 자연인가요

# 둥근달이

둥근달이 웬일인가
초저녁 낮은 곳까지 내려와
마중하다니
전철역 나왔을 때부터
집까지 걸어오는 동안
내내 나를 바라보는
정겨운 얼굴
혼자 보기 아까워
주위 사람들한테
저 달 좀 보라고 했네
밤하늘에 핀 한 송이 꽃이라고
음력 며칠이기에
달이 저리도 둥글고 클까 싶어
집 도착 달력 보니 음력 14일
내일 보름달 기죽지 않을까

# 바람 불어 좋은 날

풀벌레 우는 계절
가을바람이 분다

바람이 꽃잎 쓰다듬을 때
어여쁜 꽃잎 춤추었지

소녀의 단발머리
흔들어주던 그 바람
꽃바람이었지

가을바람이 잠자고 있는
추억을 깨운다
실크보다 더 부드러운 가을바람이

# 매미

울어라 실컷 울어라
어둠 속에서 보낸 세월 얼마냐
쌓인 한 다 풀어야지
이 여름 풀지 못하면 언제 풀려고
목이 터지지 않을 만큼 울거라
기껏해야 한철인데

유충 성충 긴 세월 잘 참았지
이제 날개 달았으니 노래를 불러라
온몸을 보여주는 얇디얇은 드레스 걸치고
여름 무대에 올랐으니
목청이 터지지 않을 만큼 여름을 노래하거라
날개 펴고 사랑을 품었으니
대 이을 후손은 남겨야지

# 놓칠 뻔했다

꽃샘추위 춘설에 놀라 하얗게 질린
목련 꽃봉오리 털모자 속에서 망설인다
성질 급한 나는 남쪽으로 봄맞이
오동도 동백과 바람의 언덕에서 바람꽃 만나고 왔다
그 사이 바람 타고 서울까지 진입한 봄
우리 동네 목련 봉오리 털모자 벗어내고 활짝 웃고 있다
소문보다 빠른 게 있을까
며칠 사이 구례 산수유 꽃 축제 이미 끝나고
여의도 윤중로 벚꽃 축제도 곧 끝난다는 소문
화들짝 놀란 목련 우수수 꽃잎 털어낸다
한때는 국모를 닮았다 하여
노래까지 만들어준 꽃 아닌가 목련화
달빛에 더 우아한 순백의 목련꽃 자존심
며칠도 못 기다려주겠단다
봄맞이 다니다 우리 동네 봄꽃 놓칠 뻔했다

# 양귀비꽃

가녀린 줄기에 수줍은 듯
요염한 미소

장미가 아무리 아름답기로
양귀비만 할까

아름다운 자태와 진액으로
유혹하는 꽃

죽음도 두려워 않는
겁 없는 사랑

외형으론 양귀비꽃이 동양의 여인을 닮았다면
장미는 서양의 여인을 닮았다
장미는 아름다움과 향기로 유혹하고
양귀비는 아름다움과 진액으로 영혼까지 유혹한다
나라마다 법으로 규제받는 양귀비꽃

# 춘삼월에

연둣빛 들녘 뽀얗게 선 그리며
길게 이어지는 길섶에
꽃다지 냉이 씀바귀 민들레 제비꽃이
화사하게 몸치장하고
시냇가 버들강아지 금빛 꽃술로 치장하였다

아지랑이 피어오르는 들녘
몇 채의 촌가에 이르면
연분홍 꽃구름으로 피었다 꽃나비 되어
흩어지는 살구꽃잎 낭자한 촌가의 지붕 위를
넘나드는 멧새 한 쌍 분주한 날갯짓
사랑을 막 시작한 신접살이 꾸미는 중
춘삼월 온 나라가 봄 축제다

# 자작나무 연주

바람 부는 날
자작나무 숲으로 가보렴

자작나무는 바다가 그리워
바다를 연주한다
바람이 몰려올 때마다
파도치는 바다의 소리를 연주한다

긴 허리 흔들흔들
나무는 춤추고
팔랑거리는 작은 이파리들
분주히 손뼉 치고

가보지 않은 바다를
어떻게 알고 흉내 낼까
쏴~ 철썩

## 백목련 꽃

하얀 목련 꽃 피자
겨우내 잠자던
아파트 정원이 환해졌다

순백의 그 고결함
달빛에 눈부신 하얀 꽃등
봄밤 정원 밝혀 주네

1년을 기다려
다시 볼 수 있는 목련화

# 동강 할미꽃

비탈진 절벽 바위틈
엄동설한 강바람에 얼마나 추웠을까
모진 추위 어찌 견디었을까

봄볕에 화사한
자줏빛 꽃잎 열고
봄바람에 꽃향기 날려 보내는
동강 할미꽃

무심한 세월 흐르고
푸른 동강 흐르고
누굴 기다리다 등 굽었을까
나그네 발길 멈추게 하는
화려하지 않은 아름다운 보랏빛
동강 할미꽃을 등 구부려
살펴보고 또 보았네

# 해바라기 사랑

좀 더 해를 가까이 보려고
다른 친구들보다 빨리 크더니
아침부터 저녁까지 해만 바라보다가
해를 닮은 해바라기 꽃 되었지

여름 깊어가는 날
작열하는 태양 아래 겁 없이 해를 품어
일편단심으로 잉태한 해바라기
올망졸망 다산의 기쁨 황금빛 미소
가을 앞두고 만삭의 무거운 몸으로
겸손하게 고개 숙이네

# 대추 꽃 피었네

나는 시인이 되어서야 대추나무 꽃을 보았다
관심 있게 자세히 보아야 보이는 꽃
황금 훈장처럼 빛나는 별 닮은 꽃

대추나무 가지마다 헤일 수 없이 수많은 꽃
너무 작아 자세히 보아야
꽃으로 보이는 다닥다닥 붙어 핀 꽃
초여름 햇살에 반짝거리는 별꽃을 보았다

간밤 비바람에 우수수 쏟아져
대추나무 아래 널려 있는 노란 별 조각
어느새 벌 나비 다녀가고 잉태했는지
가지마다 다닥다닥 애기 대추 열렸다
볼 빨갛게 물든 가을 대추는 참 예쁘다
연지 바른 새색시처럼

# 입추(立秋)

30도를 넘나드는 한낮 늦더위에도
하늘 높아졌다
멀리까지 날아가는 맑은 소리는 가을 하늘 소리
새벽 창가 풀벌레 애잔한 연주곡이 시작되었다
들곡식 여물어가는 향기 늦더위쯤이야

일 년에 딱 한 번 찾아오는 입추
바람에 묻어오는 가을 향기 느낌이 참 좋은
얼마나 기다려온 가을인가
화단에 가을 국화 선보이기 시작했고
목이 긴 코스모스 갈바람 따라 춤추는 가을 문턱

## 동백꽃

슬픈 꽃이라 하지 마세요
아름다운 것만
보아 주세요

도톰한 빨간 꽃 입술
황금빛 꽃술
자존심 강한 귀한 꽃

엄동설한 딛고
열정으로 피어 불꽃 같은
절정으로 임에게 바치는 순정
빨갛게 물든 동백꽃 사랑

하얀 잔설 위에
살포시 내려앉은 붉디붉은
꽃송이조차 눈부신
아름다움인 것을

# 가을이네요

마지막 더위에 지쳐 있을 때
하늘에서 비를 뿌려 더위 식혀줍니다
인생 종점을 향해 매일매일 달리고 있는데
또 한 계절 보내고 있네요
단 하루도 멈출 수 없는 시간들
지겹게 덥던 여름날도 소중한 나날이었지요

비가 개이면 파란 가을 하늘
내 인생도 가을로 접어들었는데
계절도 가을로 접어들고 있네요

해마다 찾아오는 가을이지만
한 번도 같은 가을은 아니지요
이번 가을 오색 물들 때 내 인생도
아름다운 색으로 그림을 그리려고 해요
새벽 풀숲의 귀뚜라미 첫 울음소리
가을 소식으로 들었습니다

# 사계절

삼복더위 여름이 지겹다고
차라리 겨울이었으면 좋겠다더니
엄동설한(嚴冬雪寒)
차라리 여름이었으면 좋겠다 하네

여름과 겨울 반반씩 양보할 때
봄, 가을이 태어난다는 걸 잊었다
겨울 때문에 봄이 따뜻하고
여름 때문에 가을이 시원한 걸

작은 꽃망울 설중매 봄맞이 하면
초록 모자 쓴 아기 감이 여름을 열었지
고개 숙인 벼 겸손하게 가을맞이 하면
마른 꽃대 하얀 서리꽃이 겨울맞이 하고
봄 여름 가을 겨울
한 번도 같은 느낌의 계절은 아니었지

# 입춘(立春)

동장군 칼바람
아직 직성 안 풀렸나
입춘에도 머뭇거리다니

짓궂은
꽃샘추위

물오르는 나뭇가지
멈칫멈칫
겁먹은 꽃망울

화사한 입춘 햇살
따뜻한 온기로 다독여
동사 직전 꽃망울 살려 내시네

# 5월 장미

넝쿨장미는 담장에 들러리로
붉디붉은 흑장미 순백의 백장미 황금빛 장미가
정원에 피었다 그 도도한 눈부신 아름다움
어느 왕비의 환생인가

5월 햇발이 피어내는 아름다운 꽃
봄 정원 화려하게 점령해가는
봉곳이 고개는 장미 봉오리 순서대로 꽃 핀다
탐내는 이들 많아 손 탈까 가시로 접근 금지다

제4부

# 홀로 떡갈나무

# 설날에

"어머니 지금 출발했어요"
아들 문자 며느리 문자

우르르 내 집에 몰려드는
아이들 앞에 나는 뿌듯한 마음으로
새벽부터 준비한 명절 상 차려내었네
아이들 웃음꽃
훈훈한 기운 집안 가득

"어머니 힘 드셨지요
저희 잘 도착했어요"
며느리와 아들 연이은 문자
설이 왔다 지나갔다
정(情) 가득 남겨 놓고
선물 보따리 남겨 놓고

유년의 설날이 설빔에 행복했다면
부모로서 설맞이는 또 다른 보람이고 행복이었네
바쁘고 힘들고 그래도 오늘 좋은 설날

# 해바라기

해바라기 밭에서 앞서가던 아들
발걸음 멈추고
어~ 하더니 크게 웃는다
굽은 꽃길 돌아서자
눈앞의 모든 해바라기가 고개 돌려
해를 바라보고 있잖은가

광장에 모여든 군중이
왕에게 순종하듯 수십만 송이 해바라기가
해를 바라보는 걸 보고 웃는 아들 모습이
수십만 송이 해바라기 속에서
환하게 빛이 났다

나에겐 이 세상에서
가장 소중하고 귀한 꽃
아들이 환하게 웃는다

해바라기는 해를 바라보며 웃고
아들은 해바라기를 바라보고 웃고
나는 아들을 바라보며 웃는다
해바라기 밭에서

아들은 해바라기가 토지를 좋게 만들고
방사선을 막아준다고 하며 알려 준다 과학자답게

## 정말 잘했지요

온 나라가 메르스 때문에 난리인데
아침 눈뜨면서 배 아프고 설사한다는 남편에게
금방 끓여낸 흰 쌀죽에 즉석으로 무쳐낸
가지 나물만 아침상에 놓았다
나물 접시도 흰 죽도 싹 비워 한걱정 덜었다
곧 낫겠구나 하는 안심

아침 식사 마친 남편 병원 간다기에
메르스가 병원에서 전파되는 것 모르냐고 했더니
기분 나빠진 남편

잘해준 건 기억 못하고
나쁜 것만 기억한다는 불만에
다른 때 같았으면 했을 말을
오늘은 바꿔 말했다

"좋은 건 너무 많아 기억 못하고
나쁜 건 몇 개 안 되니까 기억해요"
라고 했더니 남편 아무 말 없다
오늘 말 정말 잘했지요

# 봉숭아 꽃물 들이다

첫 눈발 날리던 날
손톱 끝 매달린 눈썹달 수줍음은
유년의 빨간 봉숭아 꽃이었다

소복소복 봉숭아 꽃물 올려놓고
작은 손가락 피마자 잎으로 동여매어
꿈길 들게 했던 어머니는
첫눈 내릴 때 봉숭아 손톱 남아 있으면
소원 이룬다고 했다

유년의 뜰 수줍음으로 피었던 봉숭아
다시 돌아갈 수 없는 시절이
어머니가 사무치게 그리워
희끗희끗 반백의 머리 숙여 봉숭아 물들이며
어머니가 그러하시듯 나도 내 자식 소원을
봉숭아 꽃물에 담아 물들인다

# 홀로 떡갈나무

바람 소리 물소리 벗 삼아
사시사철 늘 그 자리
원 고향 산이었을 텐데 어쩌다
시냇가 홀로 서 있는가
고향 지척에 두고 못 가는 신세라니

그리움 깊이도 너와 나 같을 운명
붙잡아주는 이 기댈 수 있는 것
없어도 홀로서기
사람과 나무 다를 바 없지

시냇가 눈부신 황금빛 가을 떡갈나무
봄날 맺은 사랑
가지마다 토실토실 상수리 열렸네

갈바람 배회하는 시냇가 떡갈나무 앞에서
나 또한 알토란 같은
내 자식 사랑 생각에 행복하였네

# 동짓날

아무리 춥기로 정수리도 못 오르고
얼굴 붉히며 서산마루 머뭇거리다
가버리는 동짓날 해
저녁 창가에 삭풍 몰아치고
아침에 뿔뿔이 흩어졌던 가족들 돌아와
동지팥죽으로 따뜻하게 웃음꽃 피운다
붉은 팥죽에 보석 같은 하얀 새알심
우리 가족 작년 나이보다 하나씩 더 담아 주었지
동짓날 긴긴밤 따뜻한 이야기꽃 피워가는 우리 집

동짓날 어머니는 팥죽 끓여주시며
어린 딸에게 밤이 가장 긴 동짓날 지나면
하루의 해 길이가 여우 꼬리만큼씩 길어진다고 하셨다
붉은 팥죽으로 액땜하고
동짓날부터 새로운 시작이라고

# 봄날의 애상(哀想)

나지막한 언덕 위 외딴집
창밖 능금 꽃 진 자리
작은 열매 주인 떠나는 줄 알았을까
혈기 왕성한 젊은이 심장 멈추는 순간
눈에 밟히는 것 많아 어떻게 눈감았을까
주인 잃은 과수원 아카시아 울타리
그해 아카시아 꽃향기 유별나게 진동했지

세월 흘러도 빛바래지 않는 그리움
꽃구름 타고 떠나더니
좋았나 봐 다시 볼 수 없으니
꽃 피는 봄날 도지는 상처 슬픈 속사연을 아는가
어머니와 오라버니 봄 제사

# 어버이날

오지 말라 했는데 왔다 외식하자고
외식은 무슨 집 밥을 먹여야지 갑자기 바빠졌다
압력밥솥에 쌀 씻어 안치고
기본 반찬에 삼겹살 김치찌개 끓이고
오리 훈제에 상추쌈

준비 없이 차려진 밥상이지만
두 아들 맛있게 먹어준다
고사리 손으로 만든 카네이션
가슴에 달아 주던 귀여운 내 아이들
어느새 자라 듬직한 모습
카네이션 화분에 두둑한 봉투
아이들이 다녀갔다

이 좋은 세상에
내 부모님도 살아 계셨으면 얼마나 좋았을까
소녀의 단발머리 쓰다듬어 주시던
부모님이 그리운 날에

## 정(情)

구석구석 집안 뒷정리하며
재잘대던 아이들 미소 여운 남기고 떠난 자리
눈에 아른거리는 추억들 주워 담으며
내 부모님 생각에 잠시 젖어본다

지금 내가 겪는 것들
느끼고 사셨겠지
방금 보고 뒤돌아서
그리움 찾아드는 그 혈육의 정

가을바람도 갈 길 바쁜지
창문 흔들어 놓고
달아나기 바쁜 주말 오후에

# 등단의 기쁨을

어머니의 가슴속 피멍울 꽃이
딸을 등단시켰어요,
하고 싶은 말 많은데 눈물이 자꾸 흐릅니다

하늘 멀리 가신 후에도
어머니가 딸을 지켜주고 계신 것
느낌으로 알 수 있었어요,

돌아가시기 전
저를 생각하면 마음 아프다고 자주 그러셨다지요,
이제 걱정 안 하셔도 돼요, 저 잘살고 있어요,
다 어머니 덕분입니다

* 신인문학상 시상식은 가슴 벅찬 순간이었다. 처음 마음 같아선 눈가에 잔주름도 펴고 백화점에서 옷도 새로 사 입고 가려 했으나 마음뿐 시간이 얼마나 빠르게 가버렸는지 막상 행사 날은 유행 지난 원피스에 카디건 걸치고 혼자 길 나섰다. 가슴에 달아준 생화 한 송이, 이름표와 목에 걸어준 메달. 집으로 오는 차 안에서 부모님 생각이 났다. 살아 계셨으면 얼마나 좋아하셨을까. 이 좋은 날 눈물 주머니가 넘치다니….(2014. 06. 21. 토)

# 추석에

오늘 같은 날이 행복이라고
자기는 복(福) 많은 남자라고
바빠서 정신없는데 주방을 수없이 들락거리며
말을 거는 평생 옆지기님
아이들이 바리바리 싸온 선물 꾸러미 두둑한 봉투
나이 들면 다시 아이로 돌아간다는 옛말 그르지 않네

엄마인 내 마음은 받는 것보다 주는 게 더 좋은데
내 자식이 힘들게 번 돈으로 사온 선물보다 듬직한 모습
바라보는 것만으로도 행복하니까

밤하늘 달과 별 들꽃 향기 그렇게 좋아하는 내가
명절날 고향 못 간 지도 생각해보니
결혼 생활 년도 햇수와 똑같네
무심한 세월 머리에는 어느새 흰 서리 내리고
도시의 아파트 베란다에 서서 추석 달맞이
나는 언제 추석 고향 달 볼 수 있을까

# 고향 친구 앞에서

평생 끄떡없을 것 같았던 눈물주머니
한순간 무너져 내렸다
고향 친구 앞에서

호미자루로 밭 일구어
어린 손자 손녀 키워내신 어머니 이야기는
언제나 슬픈 상처다
장성한 외아들 가슴에 묻고
평생 지울 수 없는 마음고생 하신 어머니

마지막 어머니 집 떠나시던 날
숨어 있던 눈물
늦게야 폭포수처럼 걷잡을 수 없이
흘러내렸다 그리움 사무쳐

어머니가 눈길 주시던 곳이면
그리움과 설렘으로 경부선 출사길 차창 밖으로
흔들리는 고향 풍경 놓치지 않으려고 신경 써서 꼭 보곤 한다
사라진 과수원 터에 생긴 아파트 빌딩 숲 너머
먼 산은 어머니와 바라보던 옛 모습 그대로라서

오랜만에 반가운 고향 친구 만나 눈물이라니
미안해서 어쩌라고
신도시 개발에 사라진 옛 고향은 아픈 추억이다

# 그렇게 가시다니

추운 겨울 지나 봄기운 도는 어느 날
손자 데리고 안방 도배했노라고 전화 주셨다
먼 길 떠난다는 걸 예측하셨는지
은빛 한복에 자주색 옷고름 예쁘게 찍은 사진
액자에 담아 영정을 준비해 놓았고
딸 고생 안 시키려고 부엌 양념 준비까지 다 해놓으셨다
장례 비용으로 쓸 통장은 쌀독에 넣어 쌀로 살짝 덮었고
집문서 등은 손자를 시켜 창고 한쪽 흙 파서 땅속에 묻고
그 위에 항아리를 올려놓았다
마지막 입원하면서 병원비 몇백만 원 천에 돌돌 말아
배에 차고 입원하셨다 돈 잃어버릴까 봐
그리고 정신 놓으셨다
평생 가슴앓이 금쪽같은 외아들 먼저 보내놓고
어린 손자에게 제사상 차림 가르치시더니 어린 남매 잘 키워놓고
짝사랑 몇십 년 상처 거두어 아들 찾아 홀연히 먼 길 떠나셨다
그해 봄꽃은 피고 지고 했는지

어머님과 이별 봄을 잃어버린 해였다

왜 그렇게 하고 싶은 말들 많아졌는지 꼭 하고 싶은 말 있는데

# 초경(初經)

나른하게
녹아내리는 이른 봄날
교실 창문으로 스며드는
햇볕 참 따스했다

봄 탓인가
한 학년 올라가 새 학기 시작과
소녀에게 찾아온 선홍빛 부끄러움
아무한테도 말 못하였네

태어나 첫 비밀
어머니 어떻게 눈치채셨을까
딸의 근심 걱정 두려움

부끄러워할까 조심스럽게
아무 말씀 없이
하얀 천으로 만들어 주셨지

선홍빛 꽃무늬 그려내는
여자가 되는 길 어머니한테 배우며 나는
조금씩 어른이 되어 갔네

# 유년의 구름밭

뭉쳤다 흩어지고 다시 뭉쳐
파도처럼 몰려와 소나기 한차례 쏟아붓고 나면
길가에 실개천 생겼다
그 물줄기 따라가고 싶었던 소녀는
작은 나뭇잎 배 대신 띄워 보냈지

구름 바다는 하얀 목화송이처럼 피어나
백곰이 되기도 하고 산타할아버지 되는가 하면
구름밭은 능금꽃 복사꽃 피는 꽃동네 되었다
갖가지 형상으로 동화나라 된 구름밭에서
유년의 꿈을 키우며 놀았지
만물상 같은 뭉게구름 밭에서

# 고향 고갯마루

어머니 치맛자락 잡고 걸어 넘었던
고갯길 차들만 무심히 달릴 뿐
수많은 전설 옛이야기
무서운 거인 같았던 아름드리 고목
지금도 고향 고갯마루 지키고 서 있네

소녀 마음 빼앗던
산나리 꽃 앉은뱅이 패랭이꽃 어디 가고
우마차 대신 무심한 자동차들만 고갯마루 오르내리네
몇십 년 세월 그 고목 건재하건만
어머니 이 세상 어디에도 안 계시니
아린 그리움 유년의 고향 고갯마루가 쓸쓸하네

달리는 차창 밖으로
스쳐 멀어져가는 고향 고갯마루
눈에 아른거리는 그리운 얼굴

## 고향 가을은

황금빛 물들면 고향 가을은 허수아비가
심심치 않게 들녘 곳곳에 서서 망을 보았다
장독대에서 꽃밭에서 맴돌던 고추잠자리 잡겠다고
잠자리채 들고 까치걸음 걷던 유년의 가을 그리워
가을 햇볕 좋은 오늘 창문 열고 먼 하늘 바라보는 눈가에
파도처럼 일렁이는 그리움의 세월 잔주름 서럽다

서녘 붉게 물들여놓고 해가 지면 고향 밤하늘에는
무수히 많은 별자리들이 하나 둘 살아나
빛을 쏟아내며 자랑했지 누구 별이 더 밝고 큰가를
별빛은 커다란 강줄기 따라 밤하늘에 흐르고
은하수 가로질러 별똥별이 떨어질 때면 어린 나의 눈은
혜성의 긴 꼬리 사라질 때까지 놓지 않았다

길섶의 예쁜 꽃 코스모스가 목 길게 빼고
갈바람에 흔들흔들 춤추고
단발머리 소녀의 뺨에도 꽃물 들었지
유년을 살찌운 황금물결 일렁이던 고향 가을은
다시 돌아오지 않는 평생 그리움 되었다

개발 바람 밀려오며 사라진 고향 마을에
죽순처럼 솟아오르는 빌딩 숲 전깃불 반짝거리고
별빛은 숨어버렸다

# 꽃

아카시아 꽃잎 하얗게 흩날리던 봄날
어머니의 희망이었던 외아들 하늘나라 먼저 보내놓고
꽃피는 봄이면 아들 쏙 빼닮은 어린 손자에게
제사상 차림 순서 절하는 법 가르치며
아들 제사 정성껏 챙겨주셨지요
잘 길러놓은 손자에게 집문서 예금 통장
아들 제사까지 물려주고 할 일 다 하신 듯 홀가분하게
아들 찾아 떠나신 그 길 꽃길이었을 거야

높은 산 잔설 녹아내리고
산과 들 봄꽃 다투어 필 무렵
날 잡아 놓으신 듯 편안한 모습으로
깊은 잠드시더니 먼 여행길이셨네

삼베옷 갈아입고 분단장 어머니 모습
편안해보이고 참 예쁘다고들 했지만
생전의 수줍어하시던 모습과 마지막 모습은
가슴속 빨간 피멍울 꽃이었네

# 함덕 시외버스 터미널

한적한 시골 시외버스 정류소
어둠이 살포시 내려앉는 밤 7시 10분 서울행 막차를
기다리는 사람은 나를 비롯해 세 사람이 전부다
몇십 년 전 시골에서나 볼 수 있는
희미한 가로등 풍경 요즘에도 아직 이런 곳 있나 싶다

긴 나무 의자에 배낭 내려놓고 홀로 앉아
서울행 버스를 기다리는 시간
부드러운 밤공기 바람의 촉감 유년의 감각
밤 깊어갈수록 또렷해지는 별빛처럼
아련한 그리움으로 가슴속 되살아난다
태어나 처음 와본 곳이면서도
많이 본 것처럼 낯설지 않은 면 규모의 작은
시골 마을 함덕의 시외버스 터미널에서

# 생일에 대하여

넝쿨장미 한두 송이 피기 시작하면 남편 생일 앞이다
날씨가 이때부터 더워지기 시작한다
힘들어도 음식 장만해야지 어려서 여럿 형제 틈에서
사랑 못 받고 컸다고 조금만 잘해주어도 감동하곤 하는데
말로는 힘든데 그만두라고 하지만 그 말 믿고 생일상 그만둔다면
속으로 얼마나 서운해할 건지 잘 안다

어머니는 생일날 잘 먹고 좋아야 1년 12달 좋다고 하셨다
나도 모르는 사이 나는 어머니를 닮아 남편 생일은 아버지 생신 상처럼
두 아들 생일은 어머니가 내게 했듯이 미역국에 좋아하는 음식으로 생일 챙겨주었다
지나고 보니 어머님이 끓여준 미역국은
사랑으로 가득한 국이었다
부모 되어 내가 내 아들들에게 끓여주는
미역국도 사랑 가득 담은 미역국이다

결혼하면서 내 이름과 생일은 잊고 살았다

어느 봄날 남편이 보낸 생일 선물이라며 택배가 왔다
퇴근길 들고 오면 될 걸 웬 생일 선물
외우기도 좋은 10월 10일을 기억을 못 하다니
생일을 봄으로 당겼지만 결혼 생활 몇 년 만인가
생일 선물을 받았다.
'가을생일' 그것도 모르냐고 했더니 몇 년 전부터 남편은
내 생일에 꽃다발 선물 잊지 않는다
쑥스럽게 웬 생일
이제 받는 것보다 주는 게 더 마음 편하고 좋다
생일날 나는 일상에서 탈출 카메라와 동행 가을 나들이 간다
10월 단풍은 꽃 못지않게 아름다워

# 어머니의 마음

이웃 친구
덕이 엄마가 운전 배우자고 하여
시어머님한테
"어머니 저 운전 배우려고 해요."
시어머님 너그럽게
"밥 든든히 먹고 다녀라."

그해 가을 초보운전에 나서며
친정어머니한테
"저 운전면허 땄어요."
말 끝나기도 전
"사위가 해야지 네가 왜 운전 배우냐?"

시어머님도 친정어머님도
자식 위한 사랑
세월 갈수록 그리운 분 어머니!

# 제5부

# 주산지의 달

# 봄 설악에 가다

이른 새벽 기세등등한
세찬 바닷바람이 속초 거리를 활보하는 낯선 길
간판이 흔들리고 내 몸이 흔들리고
동행하는 이 없어도 쓸쓸하지 않은 설렘은
여명의 바닷가 풍경이 좋아서 바다 냄새가 좋아서이다

한 발 한 발 걷다 보니 설악산 울산바위 정상이다
인생도 산 타듯 그렇게 살아가야 하는 것
정상을 향해 달려온 날들 산뿐이겠는가
힘들었던 만큼 정상에서 느끼는 그 희열 감사했다

# 가을 설악에서

설악산 능선 그 아름다운 흐름에
반하지 않을 사람 있을까
멋과 기품과 신비까지 갖추었으니

산 정상 단풍철 지나
마른 나뭇잎 찬 바람 날리는 겨울 산이지만
설악의 허리는 절정의 단풍으로 물감을 풀어놓은 듯
색색의 아름다운 수채화다

설악산을 사랑하기에 설악을 만나고 오면
에너지 충전되어 살아가는 힘이 생긴다
걷고 걸어도 끝이 없을 것 같은 가을 설악 산길에서

# 달이 쉬어 간다는

산은 강을 곁에 두고
강은 산자락을 휘감아 몇천억 년의 세월을 왔을까
은빛 물너울 유유히 흐르는 초강천이
월류봉을 천하의 명승지를 만들어 주었다
강가의 한천정사에 조선시대 한 선비인 우암 송시열 님 흔적
아직 남아 있어 옛 임을 만난 듯 마음 설렌다

산과 강 어우러지니 그 절경에 달도 월류정 누각에 쉬어 간다지
그 아름다운 경승지에서 강줄기 따라 장난꾸러기 바람 따라
정처 없이 떠나고 싶었지만 나도 옛 사람 되어 옛 선비를 떠올리며
월류봉 산자락에 쉬어 가네

## 영월의 산

한 고개 두 고개 넘어 또 고갯마루
깔딱 고개 오르내리기 몇 번인가
영월의 산 올라
동강 바라보며 비운의 단종을 생각하였네

단종이 동강을 내려다보며 통곡했다는
큰 소나무 아래 너럭바위 지금도 그 자리
그대로 움직이지 못하고 앉아 있네
어언 오백 년 넘었건만

겹겹 끝없이 펼쳐진 산 아래
피어보지 못한 단종의 비애
그 혼백 바람 되어 떠도는가
한숨 소리 들리는 듯 스산한 바람 소리
덧없는 세월 강물 따라 굽이 굽이쳐 흐른다

# 산길에서

옥빛 하늘 흰 구름 몇 조각
흘러가는 그 하늘 가까운 정상으로 가는 길
풀벌레 산새 소리 청아하다

계곡물 소리
골짜기 메아리치다 돌아오고
산국화 뿜어내는 꽃가루 향기
바람 타고 어디론가 날아간다

바람에 쓰러지다 다시 일어서는
산등선 야무진 산꽃
스스로 피고 지고 피며 한세상 살아가네

# 우음도

삘기가 은빛 물결 꽃으로 피어 출렁이는
넓은 초원 끝에 이르면 갯벌 가까이
어미 찾는 새끼 공룡
새끼 찾는 어미 공룡의 울음소리가 들린다
수억 년의 세월을 알 속에 갇혀
잠에서 깨어나지 못하는 아기 공룡을 찾는
어미 공룡의 애끓는 발자국
바닷가 갯벌 가까이 멈추어 잠들어 있다
몇 그루 나무가 보초병처럼 서 있는 사이로
갯바람 불어와 공룡 알 주위를
맴돌다 띠 풀을 흔들고 지나간다
비오는 날이면 소 울음소리가 들린다 하여
우음도라지만 공룡의 울음소리 아니었을까
추억의 들풀 풀냄새 들바람 갯바람이 좋은
공룡의 사연이 있는 우음도
아~ 그곳 또다시 찾아가리

# 주산지의 달

부딪쳐 흩어지고 다시 뭉쳐
흐르는 계곡의 세찬 물소리 바람 소리만 들릴 뿐
산새도 잠든 주왕산 호젓한 새벽길 낯설지 않은 건
환하게 맞아주는 보름달 때문이다
달그림자 앞서는가 하면 뒤따르고
굽은 산길 걷다 보면 왼쪽에서 오른쪽으로
달은 언제나 그림자를 내 곁에 따르게 했다 호위병처럼

물안개 걷어낸 새벽호수는 별들을 불러들여
은하수 흐르게 하고 별천지를 만들어 놓고 달을 초대했다
태고의 신비가 흐르는 새벽 주산지
호수의 고사목 반영 사이로 환하게 웃고 있는 달
인자한 어머니 얼굴이 일렁이는 물결에 잠시 흔들린다
어머니는 태몽으로 달을 품고 나를 낳으셨다니
달과 나는 환생하며 맺은 아주 오래된 숙명적인 인연인가 보다
애잔한 그리움 주산지의 새벽 달빛

# 진하 앞바다 해맞이

머나먼 바닷길 흰 포말 일으키며
밤새도록 달려온 파도가 모래밭에 쏟아놓은 바닷물이
쪼르르 파도 따라 다시 바다로 돌아가는 건
고향 바다에 두고 온 정든 햇살 바닷바람 물고기 해초
그리워서인가 보다

여명 속 수평선 붉게 물들이며
솟아오르는 오메가 시계 하루 시작을 알린다
해무 피어오르는 아침 바다 설렘으로 출렁이고
바다와 반가운 입맞춤하는 일출

찬란한 빛 가르며 입항하는 만선의 고깃배 따라
갈매기 춤추는 희망찬 아침 바다
환호성으로 해맞이하였네 진하 앞바다에서

# 지금 선운사는

약간 기울긴 했지만
선운사 뜰에 뜬 달이 참 크다
꽃 무릇 군락지 밤 꽃놀이 나왔나
뿌옇게 새벽 밝아오자 달님은 샛별 거느리고
머뭇거리다 사라지고
달과 별이 밤새도록 머물던 자리
하늘은 구름을 불러들여 꽃 무릇 군락지에
아침 햇살 대신 그늘을 만들었다

그 많은 세월 흘렀건만
선운사 경내 고인돌 돌탑은 변함없고
옛 선인들 삶의 흔적을 더듬어보네

형용할 수 없는 설렘과 그리움이 몰려오는 건
고향을 찾은 것 같은 편안함
혹 전생 다녀갔던 곳이었을까 선운사

## 11월 한계령

때 이른 눈발
아랫마을 아직 가을 머물고 있는데
한계령에 몰아치는 삭풍 나뭇가지 사이 휘젓고
산마루에 방향감각 잃고 갈팡질팡하는 마른 낙엽
빈 나뭇가지야 이별을 서러워 마라
또다시 돌아오는 게 계절이란다

바람과 구름과 나그네 쉬어가는 한계령
봄날의 희망 여름날 추억
가을밤 별빛 그리움이 한계령에 있잖은가
계절마다 옷을 바꿔 입고 늘 그 자리
나는 살아 움직일 수 있는 날까지
1년에 한두 번이라도 꼭 오리라 한계령에
에너지 충전은 삶을 여유롭게 하기에

한계령에 흰 눈 쌓이면
하얀 설산은 또 다른 아름다움으로 설레게 하겠지
끝은 언제나 새로운 시작이기도 했으니까

# 화야산에

쪽빛 하늘 한가로운 뜬구름 몇 조각
산마루 걸려 있는 그 가까이 가는 산길 산새 소리 청아하다
여름 햇살 따갑게 태워 짙푸른 잎새 갉아먹은
노란 마타리, 곰취 꽃이 꽃 대궁 꽃자루 흔들며 손짓
어디선가 날아온 고산나비 군무 너울너울

산등선 미끄럼 타듯 빠르게 흘러가는 산바람 따라
어디론가 날아가는 꽃향기 꽃가루
능선 넘어 이웃 고동산까지 날아갈 수 있을까?
가다 지치면 화야산 골짜기 터 잡아 뿌리내리겠지
파릇한 새 생명으로 봄날 태어날 아기 꽃씨들

계곡물 소리 산골짝 경쾌하게 메아리치다 돌아오고
산 그림자 길게 내려앉는 산길 따라 걷다 보면
태양과 구름과 바람이 피어낸 노란 산국화 피고 지고 피네
청평호 북한강이 젖줄 되어 주는 755m 높이의 화야산에

# 황매산 꽃물결

합천과 산천의 경계선 넘나들며
새벽안개 사라진 황매산에
아침 햇살이 구름과 숨바꼭질하네

황매산 바람이 나뭇가지 사이 휘젓고 다니며
짓궂게 흔들어대 만개한 연분홍 철쭉꽃
정분나서 봄바람과 입맞춤하더니 어딘가로 날아가네

신명나게 춤추는 황매산 연분홍 꽃물결
우리 일행은 뿔뿔이 흩어졌다 모이고
시간 가는 줄 모르고 황매산 봄을 카메라에 담았네
아름다운 황매산에서

# 통도사 봄

영축산 줄기 타고 흘러 흘러온
계곡물 소리 소나무 숲 지나
통도사 머물고 싶었는지
스님 목탁 소리와 합류하네

처마 끝 매달린 풍경 흔들어 놓고
법당 앞 매화나무 기웃거리더니
꽃잎에 입 맞추고 달아나는 봄바람
수줍어 얼굴 붉어진 홍매화 잠시 흔들렸네

아름드리 소나무
옛 유물 고이 모셔진 통도사 감싸고
만개한 홍매화 산수유 꽃
봄 통도사 아름답게 수놓았다

# 화엄사 홍매화

화엄사 각황전 앞뜰
지리산 정기 받고 피고지고 피기를
삼백 살을 넘긴 홍매화
고승의 염불소리 삼천배를
불자들의 염원을 듣고 보고
인고의 세월을 넘어 불심(佛心)으로 피워냈다
붉디붉은 빛의 아름다운 꽃으로

세월에 다져진 나무둥치의 흐름하며
그 고귀한 아름다움
감히 어느 꽃나무가 흉내라도 낼까
긴 겨울 끝
매화나무 가지마다 가득히 핀 작은 꽃잎
각황전 앞뜰 봄빛으로 수놓고 있다
3월의 화엄사 홍매화

# 섬진강 매화

섬진강 산비탈
3월 봄바람과 사랑에 빠진
매화가 방긋방긋

꽃동산 찾아드는 게
벌 나비 봄바람뿐이겠는가

남녀노소
꽃바람 치맛바람
매화동산이 바람났다

앞산 뒷산 분단장한 매화동산
꽃구름 두둥실
숨겨둔 그리움 한 조각 섬진강 물에 띄워 보내고
한 시절 노래 부르네 섬진강 매화동산에서

# 2월 산길에서

하얀 솜이불 깔아놓은 산비탈
겨울나무 인내심 있게 봄 기다리고
계곡 바위 사이 얼음 밑으로 조심스럽게 흐르는 물소리
산골짝 발길 따라 졸졸졸 봄이 오고 있다

사계절 제자리 지키며 묵묵히 서 있는
산비탈나무들 모진 추위도 비껴갔나 보다
그 진중함 산비탈 기특한 나무들

산중 해는 참 빨리도 진다 높은 산봉우리
걸렸는가 싶더니 금방 내려앉는 어둠
거대한 산 덮으며 나의 작은 몸 더욱 움츠려 들게 했지만
사람들 발길 뜸한 북한산 겨울 산사 고요함
평온해지는 마음 발길 떨어지지 않는다

# 선운사 꽃 무릇

목 길게 빼고
이승 어디에서 님 찾을 수 있을까
단 한 번이라도 맺을 수 있다면
짝사랑 여한 없으련만
기다림 세월
꽃잎 꽃술 가닥가닥 풀어져
도솔천마저 물들이는
붉은 상사화 애처롭다

선홍빛 비단 이불 펼쳐 놓은
꽃 무릇 꽃물결
전생의 넋을 달래주려
붉디붉은 상사화로 환생하였다
꽃잎에 맺힌 이슬 눈물마저도 아름다운 사랑
선운사 꽃 무릇

# 지리산 수달래

살갗 벗겨지고 골절당하고
계곡으로 떨어지는 순간
온몸으로 안간힘 쓰며 얼마나 버티었을까
산사태 아픔 딛고 자갈밭 뿌리내려
여름 장마 거센 물살에도
눈보라 몰아치는 추위에도 모질게 살아남아
지리산 계곡 수달래로 다시 피었다

달궁마을 계곡 진분홍 철쭉꽃 뱀사골 삼십 리
마한의 효왕 피난살이 설움 옛이야기 흘려보낸 자리
꽃분홍 수달래 새색시로 피어 봄바람에 하늘하늘
장하다 물살 오른 수달래

# 수섬

유월 태양 쏟아내는 열기에
삘기 머리카락 하얗게 빛바랬다
육지가 그리워 섬이기를 포기하고 육지와 붙은 섬
모래톱 군데군데 질퍽한 습지
갯벌이었음을 고집하고 싶은 섬이 아닌 수섬
갯바람 달려와 바다 이야기 전해주면
은발 날리며 손 흔들어 반겨주는 유월의 삘기 밭
넓은 초원에서 서두를 일 없는 무심한 누렁 소들
느릿느릿 되새김질 평화롭다

온 정열 쏟아 하늘 붉게 물들여놓고
서산마루 머뭇거리는 석양
아름다운 수섬 여운 남겨 내일 기약하네
누렁 소 사진 화보에 오르고
삘기의 은빛 물결이 화보에 오르면서
사진가들이 찾아주는 수섬이 유명해졌다
낮에는 낙원, 밤에는 적막 흐르는 초원
서울과 화성 먼 거리 아니건만 오지의 수섬

# 달마산

은빛 억새가 바람에 출렁이는 호젓한 산길 걷다 보면
고기잡이 떠난 옛 사람 돌아오길 기다리다 지쳐 바위가 된
사람 형상의 커다란 바위가 산허리에 앉아
수평선 머~언 바다를 바라보고 있다
정상에 오르다 보면 바다와 진도 완도가 조각보를 펼쳐 놓은 듯
평화롭게 펼쳐져 한눈에 들어오고 산비탈 이름 모를 산꽃
늦가을 햇살에 애교스러운 흔들림으로 유혹한다
만개의 바위가 부처님 모습 닮았다는 달마산에는 하나 하나 돌을 쌓아
벼랑 높이 지은 암자도 있다 급히 지나가는 산행인은 못 보고 지나칠 수 있는
깎아지른 절벽 위에 도솔암자
의조화상도 미황사를 창건하기 전 도솔암에 머무셨다니
천년을 넘어 이어지는 불자들의 수행정진은 오늘도 내일도 계속이다
머~언 나라에서 불어오는 해풍도 신비스러운 달마산에 머물다 가고
나도 달마산에 머물다 왔네

# 시인은 영혼의 향기로 흔적을 남기고, 꽃은 잔잔한 향기로 흔적을 남긴다

## — 이수옥 시집 『은빛 억새처럼』의 시세계

정 유 지
(문학평론가, 시인)

## 1. 인생의 깊은 성찰과 철학적 사유로 빚어낸 서정의 바다

"고통을 참아내면 조개가 진주를 품듯 고독이 완성되고, 간절한 그리움으로 기다리면 고래가 트림을 할 때 바다의 로또 용연향이 배출되듯 행운이 찾아온다."

이수옥 시인은 충남 아산 출생으로 상명대학교 문화예술대학원을 졸업한 석학이다. 안양대학교 평생교육원에서 문예창작반 과정을 수료한 후, 2014년도 월간 『문학세계』 신인상으로 등단했다. 사단법인 세계문인협회와 문학세계문인회의 정회원으로 활동하고 있는 여류시인 중 한 명이다. 이수옥 시인의 작품을 접하다 보면, 마치 바다의 로또 용연향을 발견한 것은 느낌으로 다가온다. 고래의 보물 용연향(龍涎香)은 엠버그리스(Ambergris)라 하며, 향유고래가 대왕오징어를 먹은 뒤 소화하지 못하고 토해낸 것을 말한다. 특유의 냄새는 고급 향수 재료로 쓰이고 축구공만 한 크기가 수억의 가치가 있다고 한다. 이수옥 시인의 용연향은 고난을 극복하며 생성시킨 고독을 기본적으로 깔고 있는 가운데 간절한 그리움을 내면으로 삼키면서 형성된 정제된 언어들이 반짝거리고 있었다. 조개에게 있어 보물은 진주이고, 향유고래에게 있어 보물은 용연향이듯, 이수옥 시인만의 특별한 보물이 숨겨져 있음을 확인할 수 있었다. 정갈한 문체(文體)와 섬세한 시적 언어는 오이 조각을 요리용 칼끝으로 잘라놓은 듯, 조화롭고 독특한 시적 세계를 구축하고 있었다. 짜릿한 듯하면서도 부드러운 전율처럼 시어마다 감지되고 있는 매혹적 선율은 가족을 위해 노래하며 만든 맛깔스런 오이지를 연상케 하였다. 달짝지근하고 싱그럽기까지 하다. 한마디로 이수옥 시인이 빚어낸 시어는 설악산 정상에서 맛보았던 오이의 달콤함과 정겨움을 동시에 느끼게 할 정도로 미적 황홀감과 희열감(喜悅感)마저 유발시키고 있었다.

이수옥 시인의 시적 세계는 크게 두 가지 경향을 보이고 있다.

첫째, 여류시인 특유의 세련되고 유려한 감성으로 생산해내는 시적 언어들이 비단을 수놓은 것 같은 선명한 이미지의 꽃들을 피워내고 있었다. 햇살 우려 담아내듯 쏟아내고 있는 시적 언어와 철학적 성찰로 투영시킨 선 굵은 시안(詩眼)을 견지한 채, 독자들의 마음을 사로잡을 수 있는 서정(抒情)의 바다를 그려내고 있었다. 튼실

한 토양에서 발아된 시어들이 언덕 위 봄 향기를 품고 활짝 이미지의 꽃을 피어올리고 있었다. 그런 영향 탓인지 백목련, 매화 등의 꽃들을 노래하고 있었다.

둘째, 신선한 바람을 온몸으로 받아들이면서 동시에 순풍의 돛을 달고 심상의 바다 위를 항해하고 있었다. 툭툭 내뱉는 범상치 않은 시적 언어를 통해, 굴절된 세상을 따뜻한 가슴으로 품으면서 서정적인 분위기를 확산시키고 있었다. 또한 이수옥 시인의 정신세계는 단아하고 고결하기까지 하다. 선경(仙境)의 세계를 넘나들며 주옥같은 언어로 '기다림과 절대고독이 언제 있었느냐?' 는 듯 화려한 꽃을 피워내는 저력을 선보이고 있었다. 이 같은 저력을 발휘할 수 있는 근원적 배경에는 오랜 습작을 통해 숙성시킨 관조와 달관의 미학을 수시로 운용할 수 있었기 때문에 가능했던 것이다. 인생의 깊이로 새롭게 태어난 '은빛 억새' 의 캐릭터(Character)로 뿌리내린 삶의 미적 토양도 이러한 미학 형성의 진원지로 바라볼 수 있을 것이다.

시인의 외로움과 그리움은 바람을 동반한다. 어느덧 부드러운 가을바람 속으로 걸어간다. 「바람 불어 좋은 날」에서 이를 확인할 수 있다.

풀벌레 우는 계절
가을바람이 분다

바람이 꽃잎 쓰다듬을 때
어여쁜 꽃잎 춤추었지

소녀의 단발머리

흔들어주던 그 바람
꽃바람이었지

가을바람이 잠자고 있는
추억을 깨운다
실크보다 더 부드러운 가을바람이

―「바람 불어 좋은 날」 전문

풀벌레 소리는 소슬한 하늬바람을 부른다. 바람은 살아 있음을 상징하는 에너지원이다. 바람은 잠자고 있는 추억을 깨우면서 시심(詩心)을 발산하는 근원으로 작용한다. 그 시심은 자성적(自省的) 삶이 물씬 배어나오는 가을의 전언을 남긴다. 가을의 전언은 영혼의 울림이다. 실크보다 더 부드러운 바람이 꽃 피는 날, 시인은 가을바람에 취해 버린다. 감성이 최고조로 달한 정점의 언덕에 서서 눈시울 또한 붉힌다. 시인은 온몸으로 바람을 받아들여 엑스터시(Ecstasy)의 황홀경을 만끽하는 풍매화(風媒花)가 되어 수사(修辭)의 꽃을 피워 올리고 있다. 햇살과 바람으로 빚어낸 붉디붉은 가을의 정취를 토해낸다.

시인은 시원한 바람결을 따라 그윽한 향기가 머물었던 자리를 회상한다. 「내 인생에도 가을」을 읊조리고 있다.

비 개이면 파란 가을 하늘
내 인생도 가을로 접어들었는데
한 번도 같은 가을 아니었네요
오색의 아름다운 가을 수채화가 그려질 때

내 인생도 아름다운 색으로 그림을 그리려고 해요

—「내 인생에도 가을」 일부

시인은 메마른 사막을 가로지르며 달려가는 인생열차를 탄 이 시대의 마지막 휴머니스트 같다. 더욱이 무더위로 지쳐 있는 돌발 상황을 해갈시킬 비를 뿌리면서 오색의 아름다운 가을 수채화를 그려내는 화가와 무에 다르랴. 변화의 열차를 몰고 변신의 사막을 향해 가는 주인공을 상징한다. 이 때문에 시인은 이 시대의 마지막 메시아적 존재로 부각되는 것이다. 이수옥 시인은 현실과 이상의 세계를 넘나들며, 양지가 아닌 음지에서 신음하고 있는 아픈 이들을 진단하는 시대의 눈을 갖고 있다. 진단으로 끝나는 것이 아닌 치유 또한 가능하게 만드는 최적의 상태를 지향하므로 영혼의 명의(名醫)라고 말할 수 있는 것이다. 시인은 행복을 실어 나르는 벌과 나비처럼 「왠지 좋은 날」을 예감한다.

베란다 햇볕 가득 장 익는 향기
도시의 장독대 장항아리 앞에서
고향 그리워 먼 하늘 바라보았네

아무 일 없는 아주 평범한 오늘
마음 비워놓으니
빈자리 채워지는 여유

—「왠지 좋은 날」 일부

도시의 베란다 장독대 항아리는 오랜 기간 햇살과 바람의 기운을 불러 장을 익힌다. 고풍스런 장 익어가는 향기를 느끼는 일은 매우 신성한 숙성(熟成)의 작업이다. 시인은 그 신성한 작업을 진행하는 동안 마음을 비우게 되고 그 빈자리를 여유의 삶으로 채워간다. 숙성은 식품 속의 단백질이나 탄수화물 따위가 효소나 미생물의 작용에 의해 부패하지 않고 알맞게 분해되어 특유한 맛과 향기를 생성하는 일을 말한다. 이때 효소, 세균의 효소 등에 의해 숙성이 되는 과정을 발효라고 한다. 고향을 그리워하는 시심을 발효시킨 시인은 고즈넉한 풍경의 「주산지의 달」을 찾는다.

물안개 걷어낸 새벽호수는 별들을 불러들여
은하수 흐르게 하고 별천지를 만들어 놓고 달을 초대했다
태고의 신비가 흐르는 새벽 주산지
호수의 고사목 반영 사이로 환하게 웃고 있는 달
인자한 어머니 얼굴이 일렁이는 물결에 잠시 흔들린다
어머니는 태몽으로 달을 품고 나를 낳으셨다니
달과 나는 환생하며 맺은 아주 오래된 숙명적인 인연인가 보다
애잔한 그리움 주산지의 새벽 달빛

—「주산지의 달」 일부

물안개는 낯설고 새로운 것의 유입을 초래하는 근원적 모티프(Motif)이다. 주산지(注山池)는 물안개와 만날 때 지상에서 가장 아름다운 풍광을 연출한다. 새로운 것, 낯선 현실과의 조화로운 삶을 통해 변화, 변신,

변모를 추구하고 있는 시인의 인생관과 그 맥을 같이 한다. 시인은 새벽 주산지 속에 품은 달을 환생의 매개체로 여기면서 인연의 깊은 의미를 모성애로 귀결시키고 있다. 또한 존재론적 자아반성과 철학적 사유(思惟)를 추구하고 있는 가운데 시인은 결국 노자(老子)의 「도덕경(道德經)」에 나오는 상선약수(上善若水)의 미학을 은연중에 투영시키고 있다. 시인은 물처럼 상선약수의 초연한 삶을 실천하고 있는 것이다. 새벽 달빛은 애잔한 그리움의 파문을 일으킨다. 시인의 시선은 그 물결 따라 「화개장터」를 향한다.

강줄기 따라 끝 보이지 않는 길
가로수 벚나무 만개한 벚꽃잎
꽃나비 되어 무수히 흩날리는 화개장터
섬진강과 도로를 사이에 둔 이웃이다

… (중략) …

보따리 풀어 갓 캐온
봄나물 파는 시골 할머니 거친 손은
자신을 희생해 아들 딸 길러낸 장한 어머니 손이다

단발머리 쓰다듬어 주시던
할머니가 어머니가 그리웠다 화개장터에서

—「화개장터」 일부

시인에게 있어 화개장터는 할머니와 어머니가 단발

머리를 쓰다듬어 주시던 유년시절 화려한 외출의 장소이기도 하다. 도라지, 더덕, 천마 등 산나물의 향기를 느끼며 재첩 한 그릇을 뚝딱 비워냈던 추억의 곳이다. 화개장은 만남의 역사를 반복한다. 시인은 그 화개장터에서 아들과 딸을 장하게 길러낸 어머니의 손을 발견한다. 그리움이 밀물처럼 몰려온다. 주체하지 못하는 감성으로 「미완성 시」를 쓴다.

얼마나 많은 언어를 생성해서 만들어 주어야 될까
덧붙였다 잘라내고 요리조리 살펴보고
다 됐다 싶어 다시 보면 부족하다 어쩌라고
선택과 집중 구체적으로 그리고 비유하여
얼마나 다듬고 다듬어야 완성될까
이름은 무어라 지어줄까
입덧과 만삭의 고통으로 마음 졸인 날들 얼마인가
나의 미완성 시

—「미완성 시」 전문

한 편의 좋은 시는 밤하늘을 수놓는 별의 탄생과 비유할 수 있다. 그러한 별이 되기까지 시인들은 미완성의 시를 반복해서 생산해낸다. 어느 가수의 노래처럼 인생을 미완성이라 하지 않았던가. 일반적으로 동물학자들이 말하길, 동물은 태어날 때 90%가 완성되어 태어나고 10%가 미완성으로 태어나는데, 반면에 인간은 90%가 미완성, 10%가 완성으로 태어난다고 한다. 동물은 10%만 변화할 수 있지만 인간은 90%의 변화를 할 수 있다는 의미이다. 시행착오의 반복은 일련의 미완성 스펙트럼이다. 그러한 미완성에서 완성을 향해, 미완성의 여백을 꾸준하게 채워 시를 입덧과 만삭의 고통을 통해 생산된 언어라고 이토록 아름답게 표현한 시인이 또 있을까. 가끔씩 시인은 '인생이란 무엇인가?'를 생각하며 사색에 빠진다. '나'를 돌아본다.

보고 듣고
느낄 수 있는
신경세포가 있으며
자유로운 생각으로
무엇이든지
할 수 있어 행복하다

사계절 있는 나라에 살며
흰 눈 내리는
겨울에서부터
봄 여름 가을 사계절 즐기며
아름다움 느끼는
건강한 정신과 신체를
가지고 있으니
행복한 사람이다

—「나는」 전문

「나는」의 작품에서 표출된 서정적 자아는 살아 있음 그 자체를 감사하게 여길 줄 아는 행복한 사람이다. 이수옥 시인에게 있어 인생이란 무엇일까. 아마도 삶을 소풍하기 좋은 가을날로 여기고 있는 것은 아닐까. 순간순간 최선을 다할 수 있는 삶의 공간 또한 스스로 만들어내는 긍정의 미학을 갖고 있다. 사색의 폭도 굉장히 깊다. 지식인의 깨어 있는 무의식의 세계를 직감할 수 있었다. 그러나 그러한 긍정형의 미적 감각을 갖기까지 속으로 우는 법을 수없이 반복하며 배웠기 때문에 가능했던 것이다. 세상에서 가장 슬피 울어본 사람이 행복의 무게감을 느낄 수 있듯이, 시인의 품격 높은 감성은 일상적 삶을 행복의 그물로 여과해내는 서정적 힘을 발휘하고 있는 것이다.

이수옥 시인은 앞서 언급한 바와 같이, 인생의 깊은 성찰과 철학적 사유로 빚어낸 서정의 바다를 가지고 있다. 서정의 물결이 출렁이면 출렁일수록 시적 완결판을 향해 노를 저어가는 환희가 숨겨져 있는 것이다.

## 2. 꽃과 여인의 캐릭터는 수사(修辭)의 시대를 이끄는 치명적 매력을 남긴다.

"꽃과 여인의 캐릭터(Character)는 아름다움의 공통분모를 가지고 있으며, 남자의 마음을 빼앗을 수 있는 매혹적 향기를 남긴다."

일반적으로 꽃의 향기는 십 리를 가고 말의 향기는 백 리를 가지만, 여인의 향기는 천 리를 가고, 시인이 남긴 영혼의 향기는 만 리를 간다.

이수옥 시인은 정교한 시어뿐만 아니라, 꽃에 대한 소묘를 통해 감동의 범주를 확장시켜 놓고 있다. 시인이 꽃을 노래할 때마다, 마음의 창을 밤하늘의 별과 같이 밝히고 영혼의 울림을 동반한다. 한 줄의 시가 엄청난 향기를 발산시키는 시적 효과마저 달성하고 있다. 가령 총 한 자루는 한 발의 총알만 사용하여 목표물을 단 한 번만 쓰러뜨릴 수 있는 무기지만, SNS시대 속의 시는 단 한 줄로 수천, 수만 명, 더 나아가 수백만 명의 무딘 가슴을 감동의 언어로 소통하게 만들 수 있는 감성의 첨단무기임을 시인은 바람의 전언처럼 설파하고 있다. 시는 소통 예술을 그대로 담아내고 있는 문화적 장치이다.

화원에 피어 있는 꽃이라고 모든 꽃이 같은 크기와 빛깔, 향기를 갖고 있지 않듯이 모든 꽃들은 다른 크기, 다른 빛깔, 다른 향기로 피어난다.

유려한 수사 속에는 눈부신 꽃의 개화가 숨어 있고, 명징한 이미지 속에는 꽃의 치명적 향기가 숨겨져 있다. S라인의 몸매와 선명한 이목구비에 비해, 내면의 향기가 없는 여인을 가리켜 백치 미인이라 하듯, 꽃은 예쁜데 그윽하고 진한 향기를 갖추지 못할 경우에도 백치화(白痴花)라고 할 수 있다. 그런데 이수옥 시인은 꽃의 본질을 찾아 그 숨겨진 향기를 발견하는 천재적 기질을 발휘하고 있다. 시인은 꽃의 여왕 「5월의 장미」 그 그윽한 향기에 취한다.

넝쿨장미는 담장에 들러리로
붉디붉은 흑장미 순백의 백장미 황금빛 장미가
정원에 피었다 그 도도한 눈부신 아름다움
어느 왕비의 환생인가

5월 햇발이 피어내는 아름다운 꽃
봄 정원 화려하게 점령해가는

봉곳이 고개는 장미 봉오리 순서대로 꽃 핀다
탐내는 이들 많아 손 탈까 가시로 접근 금지다

—「5월 장미」 전문

촘촘하게 가시가 박혀 있지만 오히려 아름다움의 상징으로 불리는 5월의 장미가 눈부신 자태를 뽐내며, 금방 물들어 버릴 것 같은 황홀감 짙은 향기를 피어올리고 있다. 붉은 장미의 꽃말은 '절정, 열렬한 사랑, 아름다움, 기쁨'을, 백장미의 꽃말은 '존경, 순결, 결백, 비밀'을 의미한다. 누군가에게 다정다감한 마음 전하고 사랑의 꽃 피우듯 장미 같은 존재가 바로 시인인 것이다. 가시는 향기를 분출시키고 저장하는 접촉점이다. 고난과 고통의 결정체로 만들어진 가시를 통해 은은한 향기를 내뿜는다. 또한 외부의 침입을 차단하는 방어하는 수단이 되기도 한다. 아름다움을 유지하기 위해 가시의 수비대를 제 몸 곳곳에 배치한 것이다. 5월의 정원을 화려히 점령하듯 이수옥 시인은 도도하리만치 절정의 경지를 선보이고 있다. 한편 시인은 「초경(初經)」의 기억을 잊지 못한다.

태어나 첫 비밀
어머니 어떻게 눈치채셨을까
딸의 근심 걱정 두려움

부끄러워할까 조심스럽게
아무 말씀 없이
하얀 천으로 만들어 주셨지

선홍빛 꽃무늬 그려내는
여자가 되는 길 어머니한테 배우며 나는
조금씩 어른이 되어 갔네

—「초경(初經)」 일부

초경(初經)은 성년기에 이른 여성에게 처음으로 있는 월경을 말한다. 한마디로 어머니가 될 수 있는 첫 출발점에 섰음을 암시하는 마법의 주문에 걸린 셈이다. 물론 바로 어머니가 될 수 있지는 않지만, 큰 강을 형성하도록 만든 기류의 발원지와 같은 신호가 소녀의 몸에 전달된 것이다. 그럼으로 시인에게 있어 '소녀'에서 '여성'으로 성장하는 중요한 과정인 '초경'에 대한 기억은 남다르다. '소녀에게 찾아온 선홍빛 부끄러움'이란 시적 고백을 통해 시인의 당시 심경을 유추해낼 수 있다. 더욱이 소녀 자신의 선홍빛 꽃무늬를 목격하면서 비로소 진정한 여자가 되었음을 받아들여야 했던 그 시절의 아프고 낯선 경험을 일갈하고 있다. 결국 여인을 꿈꿀 수 있도록 만들었던 첫 경험의 한 장면을 추억의 타임머신을 돌려서 재생시키고 있음을 보여주고 있는 것이다. 선홍빛 꽃물을 피워 올렸던 주체는 시인 자신이지만, 그런 과정을 가능하게 만들었던 시인 자신을 아름다운 꽃으로 거듭 태어나는 경험으로 바라본다. 시인은 꽃물이 아닌 꽃비 내리는 광경을 주목하는 경향을 띄기도 한다. 「낙화」를 통해 이를 확인할 수 있다.

춘풍에 춤추는 꽃잎이여
꽃 잔치 큰 놀이 왔다

어느새 꽃비 되어 흩어지나

아름답게 떠난 자리
사랑의 열매 자라고 있네

황혼길 나 또한
어느 날 저 꽃잎 지듯이
홀연히 떠나리라

—「낙화」 전문

홀연히 떠난 자의 뒷모습은 아름답다. 지상에서 높이 피어올랐다가 스스로 겸허하게 고개를 숙이며 바람 따라 떠나는 자의 뒷모습은 눈꽃 날리듯 얼마나 아름다운가. 서정의 붓끝으로 생성시킨 꽃의 이미지 가득, 봄날 꽃잎들의 화려한 군무(群舞)를 연상시키고 있다. 마치 지상을 향하는 꽃비의 아름다운 군무를 떠올리게 한다. 어디 그뿐인가. 마치 불같은 생애를 마친 여인이 떠나듯 군더더기 하나 없이, 미련조차 남김없이 떠나는 뒷모습에 대한 장중한 경외감(敬畏感)을 불붙이고 있다. 시인은 넉넉한 마음으로 호박꽃을 찬찬히 바라보고 있다.

달콤한 여름 밥상
소문은 금방 퍼져
벌들이 모여들어 먹고 바르고
꿀벌의 축제가 시작되었다
후덕한 호박꽃 노란 미소 방긋방긋
벌이 다녀간 후

호박꽃은 사랑을 잉태하였다네
여기저기 주렁주렁

—「호박꽃 사랑」 일부

시인은 호박꽃에 대한 소회(素懷)를 꽃피우고 있다. 황금범종을 닮은 호박꽃은 다섯 갈래 노란별이 있는데, 눈부시게 샛노란 꽃은 새벽 일찍 핀다. 호박꽃은 암꽃과 수꽃이 다르게 피어, 벌과 나비 같은 곤충이 없을 때에는 꽃가루받이를 해주어야 열매를 맺는다. 호박꽃은 패션을 추구하지 않지만 보면 볼수록 정겹고 정갈하다. 단정하고 깔끔한 모습의 꽃이다. 큰 잎사귀 덕분으로 한여름 소나기에 가슴이 철렁 내려앉아도 무엇보다 넉넉함이 물씬 묻어나는 어머니의 품 같은 꽃이다. 울타리를 기어오르다, 땅으로 기는 것도 마다치 않고 만족할 줄 알면서 엎드려 꽃을 피워 올리는 포용의 화신이다. 특히 주홍빛 향기를 발산시키며 큰 벌과 나비를 유혹하는 농염의 노란 섹시웃음이 호박꽃의 전매특허라고 할 수 있다. 병든 세상을 온몸으로 껴안아 해독하듯, 사랑의 용기로 호박꽃 웃음을 활짝 꽃피운다. 오직 하나의 곤충만 고집하지 않고 다양한 곤충의 존재를 인정해주는 호박꽃의 꽃말(해독, 포용, 관대함)처럼, 관대함과 포용력을 세상에 꽃피우고 있는 것이다. 시인은 '억새꽃' 을 꺾으면서 세월을 품어 본다.

갈바람에 은발 날리며
산이건 들이건 철로변이건
척박한 환경도 마다치 않는

착한 꽃

꽃 중에 지는 꽃이 아름다운 건
억새꽃이 으뜸이다

은빛 억새꽃을 닮아가는 나
언제부터인가
머리에 서리꽃 피기 시작했다

—「은빛 억새처럼」 일부

은빛 억새가 바람에 일렁이고 있다. 가을바람에 하늘하늘 춤추는 억새 군무의 춤사위가 눈앞에 펼쳐지고 있는 듯하다. '산이건 들이건 철로변이건/ 척박한 환경도 마다치 않는/ 착한 꽃' 으로 표현하고 있는 그 이면에는 그동안 감내(堪耐)해야 했던 시적 화자의 고뇌가 그대로 녹아 있는 시적 언어로 볼 수 있다. 억새꽃은 홀로 지지 않고 춤을 추듯 휘어진다. 외롭지 않게 사라지는 것이다. 머리에 서리꽃이 피어나듯 인생의 깊이가 뚜렷하게 전해져 온다. 더욱이 서쪽 하늘 어디쯤, 붉은 낙조(落照)로 물들 때 억새 숲은 온통 황금빛으로 가득하다. 특별한 말이 필요 없을 정도로 절정의 순간이 아닐 수 없다. 시인의 시선은 불현듯 가슴속에 심어 둔 「섬진강 매화」를 떠올린다.

섬진강 산비탈
3월 봄바람과 사랑에 빠진
매화가 방긋방긋

꽃동산 찾아드는 게
벌 나비 봄바람뿐이겠는가

남녀노소
꽃바람 치맛바람
매화동산이 바람났다

―「섬진강 매화」 일부

시인은 영감(靈感)을 동반하며, 3월의 봄바람과 정분 난 매화를 시적 대상으로 삼고 서정성 짙은 감성의 붓을 터치하고 있다. 매화는 삼동의 추위를 이기고 꽃을 피워 봄을 가장 먼저 전해주는 전령이기도 하다. 시인이 매화를 노래하는 순간, 어디선가 매화의 맑고 깊은 향기가 봇물처럼 밀려온다. 추운 날씨에도 고매한 기품으로 피는 하얀 꽃마다 은은하게 배어나오는 향기, 즉 매향(梅香) 때문에 섬진강 매화동산의 남녀노소는 꽃구름 타고 섬진강을 건넌다. 시인은 매화동산에 앉아 서정의 붓끝으로 섬진강의 푸르른 물결과 매화의 꽃향기를 덧칠하면서, 물아일체(物我一體)의 시선으로 매화를 심상의 화폭에 담아내고 있다.

꽃은 아름다운 향기로 흔적을 남기고, 이수옥 시인은 서정의 바다에서 일군 영혼의 향기로 수사의 꽃을 피워 그 흔적을 남기고 있었다.

문학세계대표작가선 759

# 은빛 억새처럼

이수옥 시집

인쇄 1판 1쇄 2015년 11월 26일
발행 1판 1쇄 2015년 12월 3일

지 은 이 : 이수옥
펴 낸 이 : 김천우
펴 낸 곳 : 도서출판 천우
등 록 : 1992. 2. 15. 제1-1307호
주 소 : 서울시 성동구 무학봉28길 6 금용빌딩 2F
전 화 : 02)2298-7661
팩 스 : 02)2298-7665
http://www.moonhaknet.com
E-mail : chunwo@hanmail.net



값 8,000원



ISBN 978-89-7954-615-6

이 도서의 국립중앙도서관 출판예정도서목록(CIP)은 서지정보유통지원시스템 홈페이지(http://seoji.nl.go.kr)와 국가자료공동목록시스템(http://www.nl.go.kr/kolisnet)에서 이용하실 수 있습니다. (CIP제어번호: CIP2015032364)